Allgemeine Psychologie. Grundlagen und Messung von Emotionen. Rubikon-Modell und Handlungsstrategien nach Kuhl

Louisa Papke

Bibliografische Information der Deutschen Nationalbibliothek:

Die Deutsche Nationalbibliothek verzeichnet diese Publikation in der Deutschen Nationalbibliografie; detaillierte bibliografische Daten sind im Internet über http://dnb.d-nb.de abrufbar.

ISBN: 9783346676078
Dieses Buch ist auch als E-Book erhältlich.

Druck und Bindung: Books on Demand GmbH, Norderstedt Germany
Gedruckt auf säurefreiem Papier aus verantwortungsvollen Quellen

Das vorliegende Werk wurde sorgfältig erarbeitet. Dennoch übernehmen Autoren und Verlag für die Richtigkeit von Angaben, Hinweisen, Links und Ratschlägen sowie eventuelle Druckfehler keine Haftung.

Das Buch bei GRIN: https://www.grin.com/document/1244553

Einsendeaufgabe: Alternative B

Allgemeine Psychologie 2

Eingesandt: 06.04.22

SRH Fernhochschule Riedlingen

Modul: Allgemeine Psychologie 2

Studiengang: Prävention und Gesundheitspsychologie

Von: Louisa Papke

Inhaltsverzeichnis

Abkürzungsverzeichnis

bspw.	beispielsweise
z.B.	zum Beispiel
bzw.	beziehungsweise
w.z.B.	wie zum Beispiel
Bsp.	Beispiel
i.F.	in Folge

Abbildungsverzeichnis

1 Aufgabe B1 Grundlagen von Emotionen und dessen Regulation im beruflichen Alltag

1.1 Aufgabenstellung

Im ersten Teil dieser Einsendeaufgabe wird die Bedeutung von Emotionen, einschließlich möglicher Abgrenzungen zu anderen Konstrukten und der dazugehörigen Komponenten von Emotionen, näher erläutert. Anschließend wird die Entstehung sowie der Umgang von Emotionen näher beschrieben, bevor in einem nächsten Schritt auf die Regulation von Emotionen im beruflichen Alltag, mit der Vertiefung des Begriffs „Emotionsarbeit", näher eingegangen wird.

1.2 Definition von Emotionen

Emotionen sind psychologische Zustände, physiologische Reaktionen und Anpassungsreaktionen, die dabei helfen, sich Individuen in diversen Gegebenheiten besser anzupassen und beim Erreichen eigener Ziele zu bestärken. Der Begriff Emotion entstammt aus dem lateinischen und bedeutet übersetzt „herausbewegen", „vertreiben" oder „unterbrechen". Der Ursprung dieses Terminus ist sowohl in der Migrationsbewegung von Menschen, als auch in der tektonischen Bewegung zu finden und wurde auf die Psyche übertragen, um die Störungen eines Gleichgewichts zu beschreiben. In der Psychologie bezeichnet der Begriff Emotionen ein sehr komplexes und vielschichtiges Konzept. Auch Sokolowski ist der Meinung, dass kein anderer Bereich des seelischen Geschehens so viele verschiedene Qualitäten, Nuancen und Intensitätsgrade aufweist, wie Gefühle und Emotionen.[1] Da die empirischen Ergebnisse zu diesem Thema bislang nicht einheitlich sind, ist es bis heute nicht gelungen, sich auf eine einheitlich akzeptierte Definition für den Begriff Emotion zu einigen.[2]

Aus diesem Grund probieren Myers, Hoppe-Graff und Keller den Begriff Emotion folgendermaßen zu definieren: „Reaktion des ganzen Organismus, die 1. Physiologische Erregung, 2. Ausdrucksverhalten und 3. Bewusste Erfahrung beinhal-

---

[1] Vgl. Sokolowski 2016, S.296
[2] Vgl. Stemmler et al. 2014, S.21

tet".[3] Als letztes definiert Stemmler et al. den Begriff Emotion folgendermaßen:
„Eine Emotion ist ein qualitativ näher beschreibbarer Zustand, der mit Veränderungen auf einer oder mehreren der folgenden Ebenen einhergeht: Gefühle, körperlicher Zustand und Ausdruck".[4]

Bevor im nächsten Kapitel auf die Entstehung von Emotionen eingegangen wird, ist es bedeutsam, die Abgrenzung zu anderen Konstrukten sowie die drei Komponenten von Emotionen zu verstehen und die Beschreibungen dieser zu kennen.

1.2.1 Abgrenzung zu anderen Konstrukten

Emotionen sind von **Persönlichkeitseigenschaften** abzugrenzen. Ursächlich dafür ist, dass Emotionen zeitlich begrenzt sind und Persönlichkeitseigenschaften, sprich Merkmale von Menschen, konstant sind. Dabei können dieselben Wörter für eine Emotion, als auch für eine Eigenschaft verwendet werden. So können Menschen situationsübergreifend ängstlich sein, also werden sie als ängstliche Menschen bezeichnet = Persönlichkeitseigenschaft. Im Gegenzug könnten Menschen jedoch auch in einer Situation ängstlich wirken = Emotion. Ebenso sind **Stimmungen** von Emotionen abzugrenzen, da sie wesentlich länger dauern, als Emotionen und dabei weniger intensiv sind. Zudem sind Emotionen auf konkrete Objekte oder Situationen ausgerichtet, während Stimmungen hingegen im Hintergrund sind.[5] Unter **Affekt** wird im deutschsprachigen Raum eine kurze und intensive Emotion verstanden, die starke Verhaltenstendenzen besitzt, indem sich Menschen bspw. schwerer selbst kontrollieren können und zu unvorhersehbaren Verhalten neigen. Ein **Gefühl** bezieht sich auf die erlebnisbezogene Komponente der Emotion. Hierbei steht das subjektive Erleben im Vordergrund. Stimmungen, Affekte und Gefühle haben gemeinsam, dass sie Antworten eines Individuums auf Situationen darstellen.[6] Der **Ausdruck** zeigt ein beobachtbares und zeitlich befristetes Verhalten einer Person. Hierbei handelt es sich um einen emotionalen Vorgang.

---

[3] Vgl. Myers et al. 2014, S. 496
[4] Vgl. Stemmler et al. 2014, S.25
[5] Vgl. Jansen 2018, S.10
[6] Vgl. Sokolowski 2016, S.299

Im Nachfolgenden werden die drei Komponenten, aus welchen eine Emotion besteht, näher beschrieben. [7]

1.2.2 Komponenten von Emotionen

In der Forschung herrscht überwiegend Übereinstimmung darin, dass eine Emotion drei Komponenten umfasst. Dabei handelt es sich um die subjektive, die physiologische und die Ausdrucks- bzw. Verhaltenskomponente.[8] Wenn das Erleben von Emotionen subjektiv ist, da nur die Person selbst weiß, wie sie sich in einer Situation fühlt, handelt es sich hierbei um **die subjektive Komponente der Emotion.** In Forschungen kann nur von Berichten der Personen, auf das Erleben von Emotionen geschlossen werden. Dabei besteht die Gefahr, dass die Ergebnisse durch Faktoren wie Schamgefühl, während der Befragung verfälscht werden.[9] Als zweite Komponente wird **die physiologische Komponente** benannt, die alle körperlichen Reaktionen umfasst, die mit dem Emotionserleben einhergehen. Dabei handelt es sich unter anderem um Reaktionen des endokrinen und des neuronalen Systems. Die physiologische Komponente kann objektiv betrachtet und gemessen werden. So kann bspw. die Hormonkonzentration im Blut und Speichel gemessen werden und Veränderungen aufzeigen, die mit dem Emotionserleben zusammenhängen.[10] Sind Emotionen besonders intensiv wie im Falle von Angst, werden über das sympathische Nervensystem physiologische Reaktionen ausgelöst. Die Beschleunigung der Atmung, das Ansteigen des Herzschlagens, sowie die vermehrte Schweißbildung oder die Verlangsamung der Verdauung, können physiologischen Reaktionen auf Emotionen sein. Das Gegenteil vom sympathischen Nervensystem ist das parasympathische Nervensystem, welches für die Erreichung des Normalzustandes wieder zuständig ist.[11] Die letzte Komponente ist die **Verhaltenskomponente.** Sie umfasst alle mit dem Emotionserleben einhergehenden beobachtbaren Verhaltensweisen, wie bspw. eine bestimmte Körperhaltung, Gesichtsausdrücke oder

---

[7] Vgl. Stemmler et al. 2014, S.25-26
[8] Vgl. Jansen 2018, S.12
[9] Vgl. Sokolowski 2016, S.313
[10] Vgl. Jansen 2018, S.313
[11] Vgl. Becker-Carus 2011, S.490

auch spezifische Verhaltensweisen.[12] Kritisch, an dieser Einteilung zu betrachten, sind zum Teil die erheblichen Unterschiede die, in ein und derselben Situation, auftreten können und somit als keine sichere Informationsquelle dienen. Nachdem der Begriff Emotion sowie die Abgrenzung zu ähnlichen Konstrukten und die drei Komponenten näher erläutert wurden, wird nun die Entstehung sowie der Umgang von Emotionen verdeutlicht.

1.3 Entstehung und Umgang von Emotionen

Viele Forscher gehen davon aus, dass Emotionen durch unterschiedliche Reize entstehen können. Dazu zählen bspw. Lebensereignisse wie Hochzeiten, Todesfälle oder Geburten. Aber vielmehr führen ganz alltägliche Situationen dazu, dass Emotionen hervorgerufen werden. Wichtig dabei ist, dass nicht nur äußere Bedingungen oder bestimmte Situationsvariablen bei der Entstehung von Emotionen eine Rolle spielen, sondern auch psychophysiologische, sowie biopsychologische Variablen.[13] Mögliche Ursachen können dabei, die Interaktionen mit Menschen sein. Besonders häufig auslösende Faktoren sind das Knüpfen, Pflegen oder Auflösen von sozialen Beziehungen. Es zeigt sich, dass bestimmte Gedanken und Tätigkeiten Emotionen auslösen können. Unterschieden wird dabei, ob eine Tätigkeit um ihrer selbst willen ausgeführt wird und folglich Emotionen herbeiführt oder ob eine Tätigkeit ausgeführt wird, um positive Emotionen zu erleben. Des Weiteren kann sowohl der Konsum bestimmter Substanzen wie Drogen, Alkohol, Medikamente oder Nahrungsmittel Emotionen auslösen. Hierbei wird das zentrale Nervensystem bei verschiedenen Substanzen über den Dopaminstoffwechsel beeinflusst. Führen Substanzen zu einer vermehrten Dopaminausschüttung, sind positive Emotionen die Folge, kommt es zu einer Blockierung der Rezeptoren für Dopamin, sind im Gegenzug negative Emotionen die Folge.[14] Der Umgang mit möglichen Ursachen und der Beziehung zwischen den Aspekten ergibt sich danach, welcher Emotionstheorie der Wissenschaftler Glauben schenkt, bzw. nach welchem Ansatz geforscht wird.

---

[12] Vgl. Sokolowski 2016, S. 314
[13] Vgl. Stemmler et al. 2014, S.34
[14] Vgl. Brandstätter et al. 2013, S. 137

8

Der evolutionsbiologische Ansatz bietet dabei einen möglichen Faktor. Der Ansatz beschäftigt sich mit der Frage, welche Aspekte von Emotionen das gemeinsam biologische Erbe der Menschheit widerspiegelt. Der Fokus richtet sich dabei auf die anlagebedingten Emotionen, die für das Überleben der Menschen von Bedeutung sind. Der emotionale Ausdruck des Menschen ist laut Darwin (1872), das Ergebnis einer kontinuierlichen Auseinandersetzung mit Herausforderungen, welche die Umwelt an die Spezies Mensch stellt. Er kam zu dem Entschluss, dass Menschen anderen Menschen ihren emotionalen Zustand und damit einhergehende Gedanken und Bedürfnisse durch emotionale Ausdrücke mitteilen.[15]

Auch das Emotionserleben wird aus der evolutionsbiologischen Perspektive dahingehen betrachtet, dass mit arterhaltenden Verhaltensweisen stets positive Emotionen verbunden werden und artschädliche oder gefährdende Verhaltensweisen mit negativen Emotionen. Diese Theorie meint, dass unabhängig von Geschlecht, sozialen Umfeld oder der Kultur grundlegende Emotionen, sogenannte Basisemotionen, bei allen Menschen anlagebedingt vorhanden sind. Diese Forschung geht auf Ekman und Friesen zurück.[16] Sie benannten folgende Emotionen als Basisemotionen: Freude, Traurigkeit, Überraschung, Furcht, Ekel, und Wut. Später wurde die Emotion Verachtung hinzugefügt.[17]

Der behavioristische Ansatz klammert die subjektiv erlebte Emotion aus, da sie objektiv nicht messbar ist. Im Fokus dieser Perspektive standen daher objektiv erfassbare Reize, die aufgrund von Lernerfahrungen Emotionen auslösen, sowie Verhalten, dass durch ausgelöste Emotionen ausgeübt wird.[18] Während der Zeit rückt dieses Modell jedoch eher in den Hintergrund. Trotz dessen stehen Emotionen, vor allem wenn es sich um das Erreichen positiver und Vermeiden negativer Emotionen handelt, in einem engen Zusammenhang mit dem Thema Lernen, da hierbei der Zusammenhang zwischen Motivation und Emotion geknüpft wird.

Mit zentral- und peripher-, nervösen Prozessen, in Verbindung mit Emotionen, befasst sich die psychophysiologische / neuropsychologische Emotionstheorie. Die Psychologen James und Lange, gehen bspw. davon aus, dass Emotionen eine Folge der Wahrnehmung von körperlichen Reaktionen sind. James und Lange forschten daran, dass die Wahrnehmung von bspw. tränenden Augen,

[15] Vgl. Brandstätter et al. 2013, S.137-160
[16] Vgl. Sokolowski 2016, S.300
[17] Vgl. Zimbardo 1992, S.391
[18] Vgl. Brandstätter 2013, S.162

dazu führt, dass ein Mensch die Emotion Traurigkeit verspürt. Körperliche Veränderungen sind laut James und Lange für das Erleben von Emotionen notwendig. Durch das Weiterforschen dieser Theorie, entstand die sogenannte „Facial-Feedback-Hypothese". Die Facial-Feedback-Hypothese hat gezeigt, dass durch die willentliche Einnahme einer bestimmten Körperhaltung oder das willentliche Aufsetzen eines bestimmten Gesichtsausdruckes, Menschen in der Lage sind, das Emotionserleben zu beeinflussen.[19] Die kognitiven Emotionstheorien befassen sich mit den Reiz- und Reaktionsbewertungsansätzen. Die Reizbewertungstheorie meint, dass auf einen Reiz nicht automatisch eine Reaktion folgt, sondern abhängig von der Reizbewertung ausfällt. Der Reaktionsbewertungsansatz hingegen nimmt an, dass auf einem Reiz eine körperliche Reaktion folgt, diese bewertet wird und anschließend ein emotionales Erleben folgt.[20]

Im nächsten Kapitel wird die Emotionsregulation im beruflichen Alltag, sowie der Begriff „Emotionsarbeit" verdeutlicht.

1.4 Regulation von Emotionen im beruflichen Alltag mit Verdeutlichung des Begriffs „Emotionsarbeit"

Emotionen sind maßgebende Initialzündungen für das Handel- und Sozialverhalten und sind daher eine der wichtigsten Antriebskräfte des Menschen. Um im Alltag handlungsfähig zu bleiben und den Anforderungen der Umwelt gerecht zu werden, hilft das effektive Steuern/Regulieren der Emotionen. Die Emotionsregulation wird als ein aktiver Versuch beschrieben, die eigenen Emotionen zu beeinflussen, w.z.B. positive Emotionen entstehen zu lassen oder negative Emotionen zu unterdrücken. Es umfasst alle Prozesse, bei denen Menschen Einfluss auf das Erleben von Emotionen und deren Ausdruck ausüben. Die Emotions-regulation unterscheidet sich zwischen zwei Prozessen, der kontrollierten Emotionsregulation, die bewusst sowie mit Anstrengung gesteuert wird und der automatischen Emotionsregulation, die unbewusst abläuft.[21]

---

[19] Vgl. Brandstätter et al. 2018, S.165-166
[20] Vgl. Stemmler et al. 2014, S.134
[21] Vgl. Jansen 2018, S.83

Die Emotionsregulation dient drei Zielen:

> **Ziel des Impression Managements:** Emotionen kontrollieren, um keinen negativen Eindruck bei Anderen zu hinterlassen

> **Prosoziale Ziele:** Emotionen kontrollieren, um Andere zufriedenzustellen oder Andere zu beschützen

> **Ziel der sozialen Kontrolle:** Emotionen kontrollieren, um Andere zu manipulieren und damit weitere Ziele zu erreichen [22]

Mit der Ausübung eines bestimmten Berufes sind arbeitsbezogene Normen verknüpft, die ebenfalls Einfluss auf die Emotionsregulation ausüben. So müssen bspw. Servicemitarbeiter im Restaurant in jeder Situation, stets allen Kunden freundlich gegenüber zu treten. Gefühle, wie Ärger gegenüber einem schwierigeren Gast, der sich bspw. lautstark über den mangelnden Service beschwert, müssen unterdrückt werden. Von Polizisten und Soldaten dagegen wird erwartet, dass sie im Ernstfall expressiv ihren Ärger ausdrücken können.[23] Auch für ein Team eines Unternehmens ist ein emotionaler Stimulus notwendig, um auftretende Probleme und Konflikte lösen zu können, ohne dabei bspw. unkontrolliert im Verhalten gegenüber Mitarbeiter oder Kunden zu wirken. Besonders die Führungskräfte sind für die Regulation von Emotionen im Unternehmen zuständig. Laut Goleman sollen Führungskräfte, das emotionale Erleben von Mitarbeitern, als Informationsquelle nutzen, um die Mitarbeiter in ihren Zielen besser leiten zu können und gegebenenfalls Maßnahmen zu finden, die für die Regulierung von Emotionen und das daraus resultierende Verhalten, hilfreich sein könnte.[24]

Da die Fähigkeit zur Emotionsregulation eine Arbeitsanforderung sein kann, hat Hochschild der Emotionsregulation im Arbeitskontext, den Begriff **„Emotionsarbeit"** gegeben. Der Begriff Emotionsarbeit beschreibt, dass im beruflichen Kontext bestimmte Gefühle herbeigeführt oder unterdrückt werden, um beruflichen Erfolg zu erlangen. Hochschild und Brandstätter unterscheiden zwischen zwei Formen der Emotionsarbeit, wobei die erste Form „surface acting" genannt wird. Hier wird lediglich der emotionale Ausdruck unterdrückt, das Erleben der

---

[22] Vgl. Brandstätter et al. 2013, S.176
[23] Vgl. Jansen 2018, S.85
[24] Vgl. Urban 2008, S.12

Emotion jedoch zugelassen. So würde der oben genannte Servicemitarbeiter zwar freundlich mit einem Lächeln auftreten, sich aber über den unfreundlichen Gast ärgern. Die zweite Form wird „deep acting" genannt. Bei dieser Form wird bereits das Erleben der Emotion unterdrückt, so dass ein emotionaler Ausdruck überhaupt nicht auftritt. So könnte das Gefühl von Ärger bei dem Servicemitarbeiter ausbleiben, wenn dieser sich sagt, dass der Umgang mit solchen Kunden zum Arbeitsalltag dazugehört.[25]

2 Aufgabe B2 Messung von Emotionen

2.1 Aufgabenstellung

Diese Teilaufgabe befasst sich mit Messmethoden von Emotionen. In diesem Zusammenhang wird auf die Vor-und Nachteile der Methoden, sowie auf mögliche Probleme, die bei der Messung auftreten können, Bezug genommen. Zum Ende wird diskutiert, welche Messmethoden sich am besten eignet.

2.2 Messmethoden von Emotionen

Wie schon aus der ersten Teilaufgabe deutlich hervorgeht, fühlt ein Mensch am Tag zahlreiche Emotionen. Um diese Emotionen wissenschaftlich erforschen zu können, werden passende Messmethoden benötigt. Bevor Emotionen gemessen werden können, meinen Brandstätter, Schüler Lozo und Puca, dass definiert werden muss, welche Aussage mit der empirischen Studie erfolgen soll. Je nach Problemstellung können Emotionen als abhängige oder als unabhängige Variable gemessen werden. Unter kontrollierten Laborbedingungen werden Messungen durchgeführt, wenn der Einfluss von Emotionen auf das Erleben und Verhalten von Menschen oder deren Interaktion mit ihrer Umwelt erforscht wird. Hierbei ist es notwendig, dass die Art und die Wirksamkeit der Emotion bewusst verfälscht werden kann. Das Bemessen von Emotionen in der natürlichen Umgebung ist bspw. sinnvoll, wenn herausgefunden werden soll, wie der Beginn und die Stärke einer Emotion durch eine andere Variable gelenkt wird.[26] Auf der nachfolgenden

---

[25] Vgl. Brandstätter et al. 2013, S.178
[26] Vgl. Brandstätter/Schüler/Puca&Lozo 2013, S.144-145

Abbildung sind verschiedene Messmethoden vermerkt.

Messmethoden von Emotionen	
Messung als abhängige Variable = Untersuchung unter kontrollierten Laborbedingungen	**Messung als unabhängige Variable =** Untersuchung in natürlicher Umgebung
• Tagebuchmethode	• Filmausschnitte '
• Ereignis- und emotionsbezogene Protokolle	• Bilder
• Fragebogen zu Ereignissen in einen bestimmten Zeitraum	• Musik- und andere auditive Stimuli
• Zeitstichproben im Alltag	• Velten-Aussagen
• Rekonstruktion des Tages	• Imagination und Erinnern eigener emotionaler Erlebnisse
• Befragung zu Emotionsauslösem	• Nachstellen des Gesichtsausdrucks
	• Experimentell hergestellte emotionsauslösende Ereignisse
Messung von Mimik und anderen Verhaltensindikatoren	**Messung von physiologischen Verlangen**
• Erkennen von Emotionen anhand der Mimik	• Autonome und somatomotorische Variablen
• Erkennen von Emotionen durch Beurteiler	• Neurobiologische Methoden
• Gesichtsmuskel- EMG	• Emotionsspezifische Messmethoden
• Stimme	

Abb.1: Messmethoden von Emotionen

Quelle: Eigene Darstellung in Anlehnung an Brandstätter et al 2013, S.146-149; Schmidt-Atzert
et al. 2014, S. 38-122

Für Übersicht der Untersuchungsmöglichkeiten werden i.f. Abschnitt Messmethoden, die unter kontrollierter Laborbedingungen genutzt werden, sowie Messmethoden die in der natürlichen Umgebung angewendet werden beschrieben.

Emotion als abhängige Variable:

Tagebuchmethode: Schmidt-Atzert, Peper und Stemmler beschreiben die Tagebuchmethode als ein Verfahren, bei dem die Probanden aufgefordert werden,
zu vorgegebenen Zeitpunkten und über einen definierten Zeitraum, ihr emotionales Befinden zu dokumentieren. Schmidt-Atzert und seine Kollegen gaben als
Vorteil an, dass durch das Verfahren die Versuchsperson die Gefühle des Alltags
reflektiert, wodurch ein vergleichsweise guter Einblick im Leben des Probanden
entsteht. Die Wissenschaftler um Schmidt-Atzert meinen, dass die Vorgabe einer
Emotion, die beobachtet werden soll, ein Nachteil ist. Die Versuchsteilnehmen-
den können indirekt durch die Anweisungen in ihren Gefühlen beeinflusst werden.[27] Hoffmann und Engelkamp behaupten, dass die Probanden Situationen
nicht klar abgrenzen können und so triviale Ereignisse gar nicht aufschreiben.[28]

---

[27] Vgl. Schmidt-Atzert et al. 2014, S.73-76
[28] Vgl. Hoffmann/ Engelkamp 2017, S.162-163

Fragebogenverfahren: Ähnlich wie bei der Tagebuchmethode kann das Frage-bogenverfahren über einen bestimmten Zeitraum eingesetzt werden. Dabei wer-den Personen bspw. gefragt, mit welcher Emotion eine erlebte Situation asso-ziiert wurde. Ebenso findet das Verfahren Anwendung, um alltäglich Emotionen zu erfassen oder über einen definierten Zeitraum eine jeweilige Emotion zu erfra-gen. Die Fragebögen werden dabei mit einer standardisierten Skala eingesetzt. Am Ende werden die Antworten der Teilnehmenden mit Normwerten verglichen. Dieses Verfahren bringt laut Brandstätter und seinen Kollegen die Vorteile mit sich, dass das Erleben der Emotionen retrospektiv oder aktuell erfasst werden kann und Emotionen befragt werden, die aus ethischen Gründen sonst nicht er-forscht werden könnten.[29] Ein weiterer Vorteil ist, dass der Fragebogen über eine Smartphone-App oder ein Onlinetool an die Testperson gegeben wird. Dadurch steigt die Nutzung des Testverfahren und die Daten liegen sofort vor, so dass der Zeitpunkt der Bearbeitung weiterhin überprüft werden kann. Bei der klassischen Form des Fragebogens, auf Papier, ist nicht nachvollziehbar, von welcher Person und zu welchem Zeitpunkt die Fragen beantwortet wurden. Weiter kann es sein, dass Versuchsteilnehmer sozial erwünschte Antworten abgeben.[30]

Erkennen von Emotionen anhand der Mimik: Bei diesem Verfahren werden die Emotionen anhand von Messungen am mimischen Ausdruck eines Proban-den erkannt. Von Paul Ekman wurde diesbezüglich das „Facial Action Coding System" erforscht, dass typische Gesichtsausdrücke bei einer vorhandenen Emotion erfassen kann. Durch Filmaufnahmen oder Fotos werden die Muskel-bewegungen mit einer Datenbank abgeglichen.[31] Diese Methode hat den Vorteil das heraufgefunden werden kann, welche Emotionen der Proband zur Messung des Zeitpunkts verspürt. Der Nachteil ist, dass der Proband die mimischen Reak-tionen verfälschen könnte. Um diesem Problem entgegenzuwirken, gibt es die **Elektromygraphie (EMG) Methode.** Hierbei werden die Gesichtsmuskeln durch Elektronen gemessen, um Emotionen zu erfassen. Da sehr gut spontane Emotio-nen erfasst werden können, kann das Ergebnis nicht verfälscht werden. Das Duchenne-Lächeln sagt z.B. aus, ob das Lächeln echt oder aufgezogen ist.[32] Der Nachteil an diesem Verfahren ist, dass die Verkabelung mit Elektronen keine

---

[29] Vgl. Brandstätter et al. 2018, S.172
[30] Vgl. Brandstätter et al. 2013, S.150-151
[31] Vgl. Ronft 2021, S.395-396
[32] Vgl. Brandstätter et al. 2018, S.187

natürliche Situation widerspiegelt. Bevor im nachfolgenden Abschnitt einige Messmethoden unter kontrollierten Laborbedingungen vorgestellt werden, wird vorab ein Vergleich über dessen Effektstärke gezeigt.

Messung als unabhängige Variable:

Induktionsverfahren durch Filme: Eines der beliebtesten und wirksamsten Methoden sei durch Brandstätter und seine Kollegen das Induzieren von Emotionen mit Filmausschnitten.[33] Rottenberg, Ray und Gross haben eine Arbeit veröffentlicht, in der sie zu verschiedenen Zieloptionen Filme angegeben haben, die sich nach ihrer Erfahrung gut eignen, um Emotionen zu induzieren. Durch die standardisierten Videoclips können zuverlässige Emotionen induziert werden. Laut Rottenberg sei aber zu bedenken, dass emotionale Reaktionen sich bei einer wiederholten Messung beim gleichen Teilnehmer verändern können, da die Person die Emotion anders einschätzt. Weiter ist es schwer, Gefühle wie Wut, Angst und Ekel über einen Filmausschnitt hervorzurufen.[34]

Imaginationstechnik: Bei der Imaginationstechnik versetzt sich eine Person in eine fiktive Situation. Diese Situation wird von der Person detailliert beschrieben. Der Vorteil dabei ist, dass bei der Versuchsperson seltene Emotionen induziert werden können, die ethisch nicht vertretbar sind, da sich Jemand anders vorgestellt wird. Der Nachteil ist, dass die Interpretation anders sein kann, als letztendlich gewollt und die Versuchsperson bei der Methode Kreativität und ein einigermaßen gutes Vorstellungsvermögen benötigt.

Velten-Aussagen-Methode: Die von Velten entwickelte Technik der Emotionsmessung, lässt Probanden ich bezogene Aussagen mehrmals laut vorlesen. Die Aussagen stehen auf 60 Kärtchen, die jeweils Emotionsbereiche zu verschiedenen Gemütszuständen umfassen. Der Proband erhält die Anweisung, dass er beim Vorlesen der Karten sich in die Gefühlslage des Textes hineinversetzen soll.[35] Laut Lench sind die Aussagekärtchen standardisiert und die Anzahl der Kärtchen sowie die genauen Anweisungen leicht veränderbar.[36] Ein Nachteil laut den Wissenschaftlern um Schmidt-Atzert ist, dass die Teilnehmer eventuell sozial erwünschte Antworten geben und nicht alle Teilnehmer auf das Verfahren reagie-

---

[33] Vgl. Brandstätter et al. 2013, S.146
[34] Vgl. Rottenberg et al. 2007, S.12-14, S.23-25
[35] Vgl. Brandstätter et al. 2018, S.187-188
[36] Vgl. Lench et al. 2011, S.837

ren.[37] Nachdem nun einige Methoden sowie dessen Vor- und Nachteile erläutert wurden, wird es im folgenden Kapitel um Probleme gehen, die bei der Erfassung von Ereignissen und Emotionen auftreten. Zusätzlich werden die Vor- und Nachteile diskutiert und beurteilt mit welcher Messmethode Emotionen am besten zu messen sind.

2.3 Probleme bei Messungen und der Diskussion über die geeignete Messmethode

Der natürliche Auslöser ist eine tolle Methode, um Emotionen in der tatsächlichen Umwelt zu beobachten. Hierbei können jedoch vermehrt Fehler auftreten, die die Validität der Ergebnisse deutlich herabsetzt. So neigen Menschen vermehrt dazu, ihre Emotionen so zu beschreiben, dass sie der sozialen Erwünschtheit entsprechen. Schmidt-Atzert gibt als ein weiteres Problem an, dass eine sprachliche Barriere auftreten kann, indem bspw. Wörter nicht eindeutig beschrieben werden und somit keine klare Differenzierung zwischen den Emotionen stattfindet. Emotionen als unabhängige Variable eignen sich vor allem, wenn eine Emotion induziert werden möchte, um zu sehen, wie der Proband sich in der Situation verhalten wird. Allerdings ist auch hier zu bedenken, dass eine Zurückhaltung aufgrund von Normen oder einer falschen Interpretation der Induktion zu einem nicht erwünschten Ergebnis führen könnte. Ein weiteres Problem kann auftreten, wenn das emotionale Befinden des Probanden durch mehrmalige Wiederholungen des Messvorganges während der Studie verändert wird.[38] Philippot (1993) weist drauf hin, dass schmerzhafte Erfahrungen oder traumatisierte Ergebnisse durch die Auslösung von negativen Emotionen hervorgerufen werden können. Im schlimmsten Fall könnte es dabei zu einer Retrotraumatisierung kommen. Als letzter Punkt ist anzumerken, dass jeder Mensch anders auf ein und dieselbe Situation mit den gleichen Emotionen reagiert. [39]

Da Emotionen verschiedene Komponenten beinhalten, die das Verhaltenssystem unterschiedlich beeinflussen, stehen Wissenschaftler vor einer großen

---

[37] Vgl. Schmidt-Atzert et al. 2014, S.68
[38] Vgl. Schmidt-Atzert et al. 2009, S.533-534
[39] Vgl. Philoppot 1933, S.172

Herausforderung Emotionen zu messen. Der Vorteil hierbei ist, dass so die Möglichkeit besteht, unterschiedliche Facetten zu untersuchen und man dadurch nicht gezwungen ist, sich auf eine Art der Untersuchung festzulegen. Im Gegenzug kann nicht eindeutig beurteilt werden, welche die geeignete Messmethode ist, da die Wahl der Methode abhängig vom Untersuchungsgegenstand ist.[40] Die Forscher sind darauf angewiesen, sich mit den jeweiligen Verfahren sowie dessen Vor- und Nachteilen zu beschäftigen, da es bisher kaum Vergleichsstudien zu Messung von Emotionen mit verschiedenen Verfahren gibt. An dieser Stelle wäre eine Empfehlung für eine Messmethode abzugeben nicht korrekt, da immer der einzelne Forschungsgegenstand und der Zweck betrachtet werden muss. Es besteht aber auch die Möglichkeit, unterschiedliche Verfahren miteinander zu kombinieren. Im Labor können so z.B. Messungen von physiologischen Veränderungen und/oder der Messung der Gesichtsmimik einhergehen.

3 Aufgabe B3 Rubikon-Modell und Handlungsstrategien nach Kuhl

3.1 Aufgabenstellung

Im letzten Kapitel dieser Einsendeaufgabe wird das Rubikon Modell erläutert. In diesem Zusammenhang wird anhand des Modells der Unterschied zwischen Motivation und Volition differenziert. Zuletzt wird ein Anwendungsbeispiel beschrieben, welches auf der Frage aufbaut, wie sich Handlungsstrategien nach Kuhl zielführend einsetzen lassen.

3.2 Definition des Rubikon-Modells mit der Differenzierung zwischen Motivation und Volition

In der Forschung der Motivationspsychologie zeigen sich zum Thema Motivation zwei Strömungen. Narziß Ach hat sich bereits zu Beginn des 20. Jahrhunderts mit der Willenspsychologie auseinandergesetzt.[41] Ach beschreibt den Willensakt als Konstrukt, der bestimmte Bedingungen bedarf und nicht einfach von einer Person hervorgerufen werden kann. Hierbei verspürt die Person Gegenwehr, die

---

[40] Vgl. Müsseler/Rieger 2017, S.189
[41] Vgl. Heckhausen/Gollwitzer 1987, S.102

sie überwinden muss. Um die Gegenkraft zu überwinden, muss sie jedoch erst in das Bewusstsein des Individuums gelangen.[42] Die andere Entwicklung, die Motivation, beschäftigt sich dabei mit den Fragen, Anliegen, Problemen und Wünschen, die vor dem Willensakt ablaufen. Um den Unterscheid zwischen Motivation und Volition zu erforschen, griffen Heckhausen und Gollwitzer (1987) vier Jahre später die Theorie von Ach auf. Aus diesen Studien entstand das Rubikon-Modell, welches im Folgendem näher erläutert wird. [43]

Das Rubikon-Modell ist von Goschke (2017) im Idealfall als Kreislauf von vier aufeinanderfolgenden Phasen zu betrachten. Überwiegend laufen mehrere dieser Prozesse, bei den meisten Menschen gleichzeitig ab. Jede Stufe stellt dabei Anforderungen an den Handelnden. Im Nachfolgenden werden die einzelnen Phasen des Rubikon-Modells erläutert.

Bei der ersten Phase, der Abwägungsphase **(prädezisonale Phase)**, handelt es sich um die motivationale Phase. Hierbei werden verschiedene Anliegen und Wünsche auf dessen Durchführung hin überprüft. Dabei wird unter anderem geschaut, welches Ergebnis erreicht werden soll und hinterfragt, ob dieses Ziel potenziell realisierbar ist. Somit findet hier das Abwägen von Handlungsalternativen statt.[44] Das Bewerten und Abwägen bezieht sich auf erwünschte, als auch auf unerwünschte Faktoren, die die Zielerreichung beeinflussen können. Am Ende dieser Phase steht ein verpflichtender Vorsatz, die Zielintention. In der zweiten Phase beginnt die volitionale Phase mit der **(postdezisionale Handlungsphase)**. Hierbei handelt es sich um die Umsetzung der Handlungsziele. Dabei wird überlegt, wie der verpflichtende Vorsatz umgesetzt werden kann und welche Tatsachen notwendig für die Erreichung des Ziels sind. Zudem wird laut Achtziger und Gollwitzer (2010) sich die Frage gestellt, wie hoch die Wahrscheinlichkeit von möglichen Kurz- und Langzeitfolgen, sowie positiven und negativen Konsequenzen, bezüglich der Zielerreichung ist und konkretisiert, welche genau auftreten könnten.[45] Im Anschluss findet Intentionsinitiierung statt und somit der Hand-

---

[42] Vgl. Ach 1935, S.196
[43] Vgl. Heckhausen/Gollwitzer 1987, S.102
[44] Vgl. Deimann/Weber/Bastiaens 2008, S.13
[45] Vgl. Achtziger/Gollwitzer 2010, S.311

lungsbeginn. Ebenfalls volitional geprägt ist die dritte Phase. Diese Stufe nennt sich **(aktionale Phase)**. Bei dieser Phase handelt es sich um die Handlungs-initiierung. Hierbei liegt der Fokus auf der zielgerichteten Handlung. Alle Faktoren, die das Ziel beeinflussen könnten, werden in dieser Phase ausgeblen-det. Um die eigenen Ziele zu erreichen und mit auftretenden Schwierigkeiten während der Durchführung umgehen zu können, werden wichtige Bestandteile wie Anstrengung und Ausdauer reguliert.

Die letzte Stufe wird als **(postaktionale Handlungsphase)** benannt und ist wie-der motivational. In dieser Phase wird das Ergebnis, mit den in der prädezisio-nalen Phase gefassten Entschluss, reflektiert und bewertet. Unter anderem wird dabei geprüft, ob das Ziel erreicht wurde oder noch Handlung besteht, um den Handlungsverlauf zu einem Abschluss zu bringen.[46]

Zur besseren Verständlichkeit ist das Modell anhand eines Beispiels in der Abbildung 2 dargestellt.

Zielerreichung	Handlungsinitiierung	Zielintention	
Prädezisionale Phase (motivational) bwägende Bewusstseinslage	Postdezisionale Phase (volitional) Planende Bewusstseinslage	Aktionale Phase (volitional) Handelnde Bewusstseinslage	Postaktionale Phase (motivational) Bewertende Bewusstseinslage
„Ich möchte einen Urlaub buchen." „Trete ich eine größere Reise nach Spanien an oder buche ich für das gleiche Geld 2 kleine Reisen nach Deutschland ?"	„Ich lasse mich im Reisebüro über Kosten, Unterkünfte und Reiseziele informieren und werde mich mit Freunden austauschen."	„Ich habe mich für eine größere Reise nach Spanien entschieden, da der Erholungswert bei einen längeren Reise mehr gegeben ist und habe den Urlaub gebucht".	„Der Urlaub ist vorbei. Ich bin froh, mich für den Urlaub entschieden zu haben, da die längere Auszeit sehr erholsam und der Urlaubsort sehr schön war." Durch den hohen Erholungswert trete ich mein kommendes Modul im Studium motiviert an und nehme mir dadurch vor, es sehr gut abzuschließen.
Zielintension: Ich werde einen größeren Urlaub nach Spanien buchen.		Endresultat: Ich habe einen größeren Urlaub angetreten und bin dadurch für mein Studium erholt .	

Abb. 2: Rubikon-Modell

Quelle: Eigene Darstellung in Anlehnung an Achtziger & Gollwitzer 2009, Heckhausen & Gollwitzer 1987

---

[46] Vgl. Achtzinger/Gollwitzer 2006, S.280

Wie schon im ersten Abschnitt erwähnt wurde und auf der Abbildung 2 sichtbar ist, geht im Rahmen dieses Modells hervor, dass die Motivation und die Volition zwei unterschiedliche Prozesse sind. Zudem wird davon ausgegangen, dass die zwei Prozesse (motivationale und volitionale Phase) unterschiedliche kognitive Bewusstseinslagen begleiten, die die genannten Handlungen der beiden Phasen unterstützen. Um diese Unterschiede zu identifizieren werden Versuchsperson aktiv durch eine entsprechende Instruktion, in eine abwägende Bewusstseinsla-ge = motivationale Phase oder in eine planende Bewusstseinslage = volitionale Phase versetzt. Anknüpfend daran, müssen die Versuchspersonen Aufgaben lö-sen oder Einschätzungen abgeben, die auf die dahinter liegenden kognitiven Pro-zesse schließen.[47] In der nachfolgenden Tabelle werden die kognitiven Merkmale der abwägenden und der planenden Bewusstseinslage dargestellt.

Kognitives Merkmal	Abwägende Bewusstseinslage	Planende Bewusstseinslage
Offenheit für Informationen	Es herrscht eine große Offenheit für verfügbare, potenziell entscheidungsrelevante Informationen.	Es herrscht eine reduzierte Offenheit für verfügbare Information.
Phasenkongruente Gedankeninhalte	Informationen, die sich auf Wünschbarkeit und Realisierbarkeit des Ziels beziehen, werden bevorzugt verarbeitet.	Informationen, die sich auf die Durchführung zielführender Handlungen beziehen (wann, wo und wie handeln), werden bevorzugt verarbeitet.
(Un-)Parteilichkeit der Informationsverarbeitung	Positive und negative Aspekte des Ziels werden ausgewogen verarbeitet und die Realisierungswahrscheinlichkeit wird akkurat eingeschätzt.	Die positiven Aspekte des Ziels werden gegenüber den negativen bevorzugt verarbeitet und die Realisierungswahrscheinlichkeit wird illusionär optimistisch eingeschätzt.

Abb. 3: Kognitive Merkmale der abwägenden und planenden Bewusstseinslage
Quelle: Brandstätter et al. 2013, S. 115

Der Unterschied zwischen den beiden Termini liegt insbesondere bei der Bildung von Zielen und der Planung/Umsetzung. Bei der Motivation handelt es sich laut Becker-Carus und Wendt (2017) sowie Rudolf (2017) um einen Prozess, in dem verschiedenen Ziele und Wünsche gegeneinander abgewogen werden, jedoch noch keine richtige Entscheidung für ein weiteres Vorhaben getroffen wird. Um das Ziel erreichen zu können, benötigen Personen motivierendes Verhalten, um Ziele zu pflegen und eine Auswertung zu Zwischenzielen oder des Zieles zu geben. Die Volition baut darauf auf und wird dagegen als ein Prozess der Um-setzung von Vorhaben verstanden. Auch die Planung der Umsetzung wird bei

---

[47] Vgl. Jansen 2018, S.104

diesem Prozess miteinbegriffen.[48] Warum gewisse Individuen trotz hoher Motivation scheitern und andere wiederum alle Hindernisse überwinden und die Ziele erreichen, kann mit dem Begriff Volition, im Zusammenhang mit dem Rubikon-Modell, beantwortet werden.[49] Im letzten Kapitel dieser Einsendeaufgabe wird ein Anwendungsbeispiel beschrieben, welches auf die Frage aufbaut, wie sich Handlungsstrategien nach Kuhl zielführend einsetzen lassen.

3.3 Handlungsstrategien nach Kuhl anhand eines Beispiels

Das oben dargestellte Rubikon-Modell befasst sich ausschließlich mit kognitiven Prozessen, in Bezug auf Bewusstseinslagen oder Handlungsgelegenheiten. Emotionale Prozesse, sowie interindividuelle Unterschiede zwischen Menschen werden bei diesem Modell nicht berücksichtigt. Kuhl (1983) rückt dagegen im Rahmen seiner Handlungsregulationstheorie in den Mittelpunkt, dass sich Menschen in ihrer Handlungsregulation unterscheiden. Diese Unterschiede wirken sich auf die Fähigkeit zur Regulation von Emotion aus und können somit bevorstehende Handlungen des Alltags beeinflussen.[50] Um solche Konflikte zu lösen, benötigen Personen laut Kuhl (1983) sogenannte Handlungskontrollstrategien. Bei den Handlungsstrategien nach Kuhl liegt das Augenmerk sowohl auf der Aufrechterhaltung nichtdominanter Intentionen, als auf den konkurrierenden Handlungstendenzen, die unterdrückt werden müssen, damit sich die Person auf das eigene Handeln konzentrieren kann. Die im folgenden genannten Handlungsstrategien beruhen auf dem metakognitiven Wissen, das bereits im Kindesalter entsteht.[51] Im Anschluss werden die einzelnen Schritte der Vermittlungsprozesse der Handlungskontrollstrategien nach Kuhl anhand eines Bsp´s erläutert.

Anwendungsbeispiel: Das Anwendungsbeispiel beschreibt einen neunzehnjährigen Abiturienten, der sich als Ziel gesetzt hat, die kurz bevorstehende Abiprüfung erfolgreich zu bestehen.

---

[48] Vgl. Becker-Carus/Wendt 2017, S.528-529
[49] Vgl. Pelz 2020
[50] Vgl. Brandstätter et al. 2013, S.118
[51] Vgl. Quirin/Kuhl 2009, S.157-158; Jansen 2018, S.107

Aufmerksamkeitskontrolle Bei der Aufmerksamkeitskontrolle konzentriert sich der neunzehnjährige Abiturient auf die handlungsrelevanten Informationen, die für die Zielrealisierung förderlich sind.[52] In diesem Fall wäre es das Vorbereiten auf die Prüfungen, die im kommenden Monat anstehen. Dabei werden alle Informationen, die nicht mit der Prüfungsvorbereitung in Verbindung stehen, nicht beachtet. Durch die Sparsamkeit der Informationsverarbeitung soll der Vorgang des Überlegens nach Handlungsalternativen w.z.B. nach Freizeitaktivitäten, die das Ziel gefährden könnten, unterbrochen werden.[53]

Enkodierungskontrolle Mit Hilfe der Enkodierungskontrolle wird versucht, dass neue Informationen nach der aktuellen Handlungsabsicht „Prüfungsvorbereitung" kategorisiert werden und nur diese abgespeichert werden. Mit zusätzlichem Unterricht kurz vor den Prüfungen, würde sich der Abiturient in dieser Phase nur die wichtigen Informationen und Themen zu den angegebenen Prüfungsinhalten merken. Dadurch wird der Fokus gegebenenfalls auf Lerninhalte gerichtet, die deutlich relevanter und noch nicht ausreichend vorbereitet sind. Zusätzlich könnte sich der Abiturient mit Mitschülern über die Prüfungsvorbereitungen zu den spezifischen Lerninhalten austauschen und gegebenenfalls Lerngruppen bilden. Durch den Austausch wird dem Abiturienten deutlicher bewusst, worauf er bezüglich des Abiturs achten muss oder welche Lerninhalte weniger relevant sind.

Motivationskontrolle Die Motivationskontrolle sorgt dafür, dass die Motivation zur Zielerreichung gestärkt wird, indem sich die positiven Anreize des Ziels vor Augen gehalten werden. Die positiven Anreize könnten in dem Bsp. nach dem Bestehen der Abiprüfung, ein Auslandsjahr und der Ansporn sein, nach einem sehr guten Notendurchschnitt am Studiengang Psychologie angenommen zu werden. Positive Anreize führen unter anderem dazu, dass andere Handlungstendenzen während der Prüfungsvorbereitung des Abiturienten verstärkt in den Hintergrund rücken.

Emotionskontrolle Die Emotionskontrolle dient dazu, dass Personen durch eine angehende Aktivität, trotz eines Misserfolges, wieder emotional stabilisiert und motiviert werden, um das gesetzte Ziel erreichen zu können.[54] Durch mangelnde Konzentration hat der Abiturient seine gesetzten Ziele des Tages nicht erreicht.

---

[52] Vgl. Brandstätter et al. 2013, S.120
[53] Vgl. Kuhl 1983, S.305
[54] Vgl. Brandstätter et al. 2013, S.120

Der Misserfolg, stimmt den Abiturienten unmotiviert. Aus diesem Grund geht der Abiturient seiner Lieblingssportart Laufen nach, wodurch er wieder Motivation verspürt, weiter für die Prüfungen zu lernen. Kurz darauf entscheidet er, das Laufen, jeden Morgen kurz vor dem Lernen, in seinen Tagesablauf einzubauen, um präventiv dem Konzentrationsmangel entgegenzuwirken. Zusätzlich hat der Neunzehnjährige ein Visionsboard angefertigt, welches ihn bei Misserfolgen motiviert sich weiter für die Abiturprüfungen vorzubereiten.

Umweltkontrolle Mithilfe der Umweltkontrolle soll der Abiturient ablenkende Reize, z.B. das Handy in einen anderen Raum legen und ausschalten, entfernen, um der eigentlichen Handlung nicht im Wege zustehen. Des Weiteren könnte gebeten werden, dass Tätigkeiten w.z.B. Fahrdienste zu Hobbys von Geschwistern mit dem Auto, kurzfristig an die Eltern abgegeben werden.

Literaturverzeichnis

Ach, N. (1935). *Analyse des Willens (1.Aufl.)*. Berlin und Wien: Urban & Schwarzenberg.

Achtziger, A., & Gollwitzer, P. (2010). Motivation und Volition im Handlungsverlauf. In J. Heckhausen, & H. Heckhausen (Hrsg.), *Motivation und Handeln (4.Aufl.)* (S. S. 309-335). Heidelberg: Springer.

Achtziger, A., & Gollwitzer, P. (2006). Motivation und Volition im Handlungsverlauf. In J. Heckhausen, & H. Heckhausen (Hrsg.), *Motivation und Handeln (3.Aufl.)* (S. S.277-302). Heidelberg: Springer.

Becker-Carus, C. (2011). *Allgemeine Psychologie. Eine Einführung (1.Aufl.)*. Heidelberg: Spektrum Akademischer Verlag.

Becker-Carus, C., & Wendt, M. (2017). *Allgemeine Psychologie (2.Aufl.)*. Berlin: Springer.

Brandstätter, V., Schüler, J., Puca, R. M., & Loco, L. (2013). *Motivation und Emotion: Allgemeine Psychologie für Bachelor*. Berlin: Springer.

Brandstätter, V., Schüler, J., Puca, R. M., & Lozo, L. (2018). *Motivation und Emotion: Allgemeine Psychologie für Bachelor (2.Aufl.)*. Wiesbaden: Springer.

Deimann, M., Weber, B., & Bastiaens, T. (2008). Volitionale Transferunterstützung (VTU)-Ein innovatives Konzept (nicht nur) für das Fernstudium. *Schriftenreihe des Instituts für Bildungswissenschaft und Medienforschung*. Abgerufen am 28. 3. 2022 von http://ifbmimpuls.fernuni-hagen.de/2008-01-Volitionale-Transferunterstuetzung.pdf

Heckhausen, H., & Gollwitzer, P. (1987). Thought content and cognitive functioning in motivational versus volitional states of mind. Abgerufen am 28. 3. 2022 von https://www.researchgate.net/publication/38138858_Thought_Contents_ and_Cognitive_Functioning_in_Motivational_Versus_Volitional_States_of _Mind

Hoffmann, J., & Engelkamp, J. (2017). *Lern- und Gedächtnispsychologie (2.Aufl.).* Heidelberg: Springer.

Jansen, L. (2018). Studienbrief SRH Fernhochschule. Emotionen (1.Aufl.). Riedlingen: SRH Fernochschule GmbH.

Jansen, L. (2018). Studienbrief SRH Fernhochschule. Motivation und Volition (1.Aufl.). Riedlingen: SRH Fernhochschule GmbH.

Kuhl, J. (1983). *Motivation, Konflikt und Handlungskontrolle (1.Aufl.).* Berlin: Springer.

Lench , H., Bench, S., & Flores, S. (2011). Discrete emotions predict changes in cognition, judgment, experience, behavior, and psychology: A meta-analysis of experimental emotion elicitations. Abgerufen am 27. 03 2022 von
https://www.researchgate.net/publication/51500129_Discrete_Emotions_Predict_Changes_in_Cognition_Judgment_Experience_Behavior_and_Physiology_A_Meta-Analysis_of_Experimental_Emotion_Elicitations

Müsseler, J., & Rieger, M. (2017). *Allgemeine Psychologie (3.Aufl.).* Heidelberg: Springer.

Myers, D. (2014). *Psychologie (3.Aufl.).* Berlin: Springer.

Pelz, W. (2020). Von der Motivation zur Volition. Wünsche und Motive in Resultate (Erfolge) umsetzen. *Institut für Management-Innovation.* Abgerufen am 28. 3 2022 von https://www.volition-motivation.de/

Philippot, P. (1993). Inducing and Assessing Differentiated Emotion-Feeling States in the Laboratory. Cognition and Emotion. Abgerufen am 26. 03 2022 von
https://www.tandfonline.com/doi/abs/10.1080/02699939308409183

Quirin, M., & Kuhl, J. (2009). Handlungskontrolltheorie. In V. Brandstätter, & J. Otto (Hrsg.), *Handbuch der allgemeinen Psychologie* (S. 157-162). Göttingen: Hogrefe.

Ronft, S. (2021). *Eventpsychologie (1. Aufl.).* Wiesbaden: Springer.

Rottenberg, J. (2007). Emotion Elicitation Using Films. *The handbook of emotion elicitation and assesment.* Abgerufen am 27. 03 2022 von http://gruberpeplab.com/3131/RottenbergRayGross_2007_EmotionElicita tionFilms.pdf

Schmid- Atzert, L. (2009). Verbale Daten:Fragebogenverfahren. In V. Brandstätter, & J. Otto, *Handbuch der allgemeinen Psychologie. Motivation und Emotion (1.Aufl.)* (S. 532-539). Göttingen: Hogrefe.

Schmidt-Atzert, L., Stemmler, G., & Peper, M. (2014). *Emotionspsychologie (2.Aufl.).* Stuttgard: Kohlhammer.

Sokolowski, K. (2016). *Allgemeine Psychlogie (2. Aufl.) , Nachdruck als limitierte, einfarbige Sonderauflage.* Berlin: Springer.

Stemmler, G., Schmidt-Atzert, L., & Peper, M. (2014). *Emotionspsychologie. Ein Lehrbuch (2.Aufl.).* Stuttgard: W.Kohlhammer GmbH.

Urban, F. Y. (2008). *Emotionen und Führung. Theoretische Grundlagen, empirische Befunde und praktische Konsequenzen (1.Aufl.).* Wiesbaden: Gabler.

Zimbardo, P. (1992). *Psychologie (5.Aufl.).* Berlin: Springer.